LA
QUESTION DE CUBA

PARIS

E. DENTU, LIBRAIRE-ÉDITEUR

PALAIS-ROYAL, 13, GALERIE D'ORLÉANS.

1859

EN VENTE

A LA LIBRAIRIE DE E. DENTU, ÉDITEUR

PALAIS-ROYAL, 13, GALERIE D'ORLÉANS.

L'Art de dompter les Chevaux, par S. RAREY, le dompteur, traduit et précédé d'une introduction, par F. DE GUAITA, 10e édition. 1 vol. grand in-18 jésus..... 1

Ballades et Chants populaires de la Roumanie (principautés danubiennes), recueillis et traduits par V. ALEXANDRI, avec une introduction par M. A. Ubicini. 1 vol. grand in-18 jésus..... 3 »

Contes Cosaks, de Michel Czaykowski, aujourd'hui SADYK-PACHA, traduits par W. M... 1 vol. grand in-18..... 3 »

Cuba et les grandes Puissances occidentales de l'Europe, ou identité qui existe entre les intérêts et l'importance actuelle et future de l'île de Cuba à l'égard du Nouveau-Monde, et en particulier des États-Unis de l'Amérique septentrionale, collection de brochures et de lettres adressées à Madrid sur ces objets vitaux, par M. le chevalier GUILLAUME LOBÉ. 1 vol. in-8°..... 2 50

L'Esprit des autres, recueilli et raconté par EDOUARD FOURNIER. 3e édition revue et très-augmentée. 1 charmant vol. in-18..... 3 »

   Il en a été tiré 100 exemplaires sur papier vergé..... 6 »

L'Esprit des Bêtes, zoologie passionnelle, mammifères de France, par A. TOUSSENEL. 3e édition revue et corrigée. 1 vol in-8..... 6 »

Histoire des Morisques ou des Arabes d'Espagne sous la domination des Chrétiens, par M. le comte ALBERT DE CIRCOURT. 3 vol. in-8. 10 »

Histoires de village, par ALEXANDRE WEILL. 2e édition. 1 vol. grand in-18 jésus..... 1 »

Histoire générale de la Diplomatie européenne, par FRANÇOIS COMBES, professeur d'histoire.

   I. Histoire de la formation de l'équilibre européen. 1 vol. in-8°. 7 50

   II. Histoire de la Diplomatie slave et scandinave. — Danemark — Suède — Pologne — Russie. 1 vol. in-8°..... 7 6

Histoire morale des Femmes, par ERNEST LEGOUVÉ, de l'Académie française. 3e édition. 1 vol. gr. in-18 jésus..... 3 »

Iambes et Poëmes, par AUGUSTE BARBIER, 10e édition, revue et corrigée. 1 vol. gr. in-18 jésus..... 3 50

Indiscrétions et Confidences. Souvenirs du Théâtre et de la Littérature, par H. AUDIBERT. 1 joli vol. in-18..... 2 »

Des Institutions commerciales en France, histoire du bureau du commerce et du conseil royal des finances et du commerce, par le vicomte HETTEAU D'ORIGNY. 1 vol. gr. in-18 jésus..... 5 »

Lettres de Silvio Pellico, recueillies et mises en ordre par GUILLAUME STEFANI, traduites et précédées d'une introduction, (Les dernières années de Silvio Pellico), par Antoine de Latour. 2e édition. 1 beau vol grand in-18 jésus, avec portrait et autographe..... 4 »

Le Monde des Oiseaux. Ornithologie passionnelle, par A. TOUSSENEL. 2e édition, revue et corrigée. 3 vol. in-8, avec le portrait de l'auteur..... 18 »

Nouvelles et Chroniques par ALEXIS DE VALON. — Aline Dubois. — Le Châle vert. — Catalina de Erauso. — François de Civille. Nouvelle édition. 1 vol. grand in-18 jésus..... 3 »

Politique contemporaine. Histoire de la diplomatie et des faits et des hommes et des choses, 1854-1857. 1 vol. grand in-18 jésus..... 4 »

Récits d'un Chasseur, par IVAN TOURGUENEF, traduits par H. Delaveau. 2e édition. 1 beau vol. grand in-18 jésus, illustré de jolies vignettes dessinées par Godefroy Durand..... 4 »

Souvenirs Intimes d'un vieux chasseur d'Afrique, recueillis par ANTOINE GASDON, avec une préface de Paul d'Ivoi, illustrations de Worms, gravure de Polac. 2e édition. 1 vol. grand in-18 jésus. 3 50

Le Vieux-Neuf, histoire ancienne des inventions et découvertes modernes, par EDOUARD FOURNIER. 2 jolis vol in-18..... 7 »

   Il en a été tiré 50 exemplaires sur papier vergé..... 11 »

Paris, Imp. de L. TINTERLIN et Ce, rue Neuve-des-Bons-Enfants, 3.

LA
QUESTION DE CUBA

PARIS. — IMPRIMERIE DE L. TINTERLIN ET Cie
RUE NEUVE-DES-BONS-ENFANTS, 3

LA
QUESTION DE CUBA

PARIS

E. DENTU, LIBRAIRE-ÉDITEUR

PALAIS-ROYAL. 13. GALERIE D'ORLÉANS.

1859

LA
QUESTION DE CUBA

Notre attention a été appelée sur un article publié par le journal *la Patrie*, numéro du 17 janvier 1859, que nous reproduisons ci-après. Sa lecture nous a douloureusement étonné. Nous étions de ceux qui, après de cruelles épreuves, avaient dit à nos frères souffrants : Espérez, la France n'a pas encore parlé. A peine remise de la tâche héroïque qu'elle accomplit en Orient, elle cherche des yeux à l'horizon un nouveau signal de détresse; elle écoute d'où peut lui venir, à travers les mers, un autre appel contre la violence et l'oppression. Champion du droit et de la justice, elle fera entendre sa voix en Amérique, cette voix si puissante dans les conseils de l'Europe. Soldat de Dieu sur la terre, la France y parlera aussi, s'il le faut, par la bouche de ses canons. Attendez, votre tour va arriver. Ne prêtez plus l'oreille à de perfides suggestions. Le *Yankee* ne combat que pour l'argent et la domination. Seul, le Français sait tirer le glaive et vaincre au nom du droit et pour la gloire.

Et nos frères attendaient l'avenir pleins de confiance. Ils voyaient déjà la France, initiatrice de toutes les grandes choses à faire, étudier celle qui lui est dévolue dans le golfe du Mexique, et comprendre que l'île de Cuba est, avant tout, l'arène où vont se débattre sous peu toutes les questions d'équilibre politique et d'influence européenne dans le Nouveau-Monde. Ils espéraient au moins que, grâce à l'indépendance et à la sagacité de la presse française, on verrait bientôt se débrouiller ce chaos qu'ont fait à l'entour de la question cubaine les intérêts et les passions de l'Espagne, les convoitises des États-Unis, les ruses de l'Angleterre. Ils se disaient que le journalisme de ce pays ne deviendrait jamais la dupe de protestations mensongères, moins encore l'écho de l'une de ces aspirations ou l'un de ces intérêts bâtards. Ils attendaient que la France eût pleinement instruit ce grand procès pour se prononcer ensuite dans le sens du bon droit, de la justice et de la civilisation.

Tout à coup un journal qui emprunte une grande autorité au rang semi-officiel qu'il occupe dans la presse française, a semé la consternation parmi nous.

L'article dont il est question va avoir un douloureux retentissement dans les cœurs de nos compatriotes lointains ; nous nous étions donc abusé ; notre droit est méconnu ; la politique de l'Espagne triomphe ; l'Angleterre sourit ; les États-Unis voient déjà la proie entre leurs mains.

Voilà ce que nous nous disions en gémissant. Une voix amie nous a rassuré, une voix française : Parlez, nous a-t-elle dit, le procès n'est pas jugé sans appel ; vous n'avez pas été entendu ; il y a en France un tribunal suprême qui casse les sentences arrachées à la surprise ou à l'inattention. Le chef que la France s'est donné l'a dit lui-même : « C'est à l'opinion publique qu'appartient en définitive la dernière victoire. »

Et nous avons écrit les quelques pages qu'on va lire. Puissent-elles ne pas être trop au dessous de la tâche que le devoir impose à notre patriotisme. Puisse cette langue française, si belle mais si difficile, que nous n'abordons qu'en tremblant, ne point nous faire défaut quand nous soutenons la cause de la justice et de la raison.

Si nous avions dû nous borner à la rectification de quelques erreurs de fait et d'appréciation qui se sont glissées dans un article de journal, s'il s'était agi d'une simple protestation contre des tendances que nous croyons grosses de périls et de calamités pour notre malheureux pays, nous nous serions directement adressé à son rédacteur.

Mais nous avons cru le moment arrivé d'embrasser la question Cubaine dans toute sa généralité ; notre réponse devait nécessairement dépasser les limites assignées à un article de journal. Voilà l'explication de la forme sous laquelle notre travail se présente au public.

I.

Rétablissons les faits et les chiffres sur lesquels sont basées les conclusions de l'article que nous combattons.

Il y a au début même une méprise qu'il convient tout d'abord de signaler, tant elle témoigne combien on connaît peu la nature du gouvernement qui régit les colonies espagnoles et l'île de Cuba en particulier. « Le ministère espagnol, y est-il dit, a présenté aux Cortès un projet de loi afin d'être autorisé à introduire dans l'île de Cuba, vingt mille travailleurs libres, tirés soit des colonies asiatiques de l'Espagne, soit de l'Hindoustan... Ce projet, ajoute-t-on, vient d'être adopté. »

Or, ces faits sont de tous points inexacts. Les ministres, en Espagne, sont seuls chargés, chacun dans le département qui le concerne, du gouvernement des colonies en dehors de toute intervention, soit de la part de la représentation nationale, soit des colonies elles-mêmes, qui, ne possédant aucune assemblée locale, aucun corps délibérant, aucun droit de pétition, sont, par cela même, privées de tout moyen direct ou indirect de faire connaître leurs vœux ou leurs besoins. C'est un régime spécial, comme on le voit, qui devient encore plus anormal par les facultés extraordinaires et discrétionnaires dont sont munis les capitaines généraux de ces pays, et par la concentration dans leurs mains de tous les pouvoirs locaux, de quelque nature qu'ils soient.

L'état de siége est le code qui régit Cuba depuis le 28 mai 1825; et si parfois, oubliant la consigne, quelque membre de la représentation nationale à Madrid, s'avise d'y prononcer le nom de Cuba autrement que pour louer le système auquel elle est soumise, le président le rappelle bientôt à l'ordre et au silence, en invoquant les plus chers intérêts de l'Espagne. Telle est la situation faite à Cuba et consentie par les Cortès espagnoles.

Ce qu'il y a de vrai dans le fait rapporté par la *Patrie*, c'est que le Conseil d'État, qui est simplement consultatif pour ce qui regarde les colonies, est saisi en ce moment de l'examen de divers projets ayant pour objet de régler et de fixer les conditions sous lesquelles devront être accordées les autorisations pour introduire des travailleurs libres dans l'île de Cuba.

Il ne s'agit pas, bien entendu, d'un essai de colonisation comme on le dit également par erreur. Cet essai se poursuit déjà depuis plusieurs années à Cuba, où, à partir de 1851, il est entré plus de vingt-cinq mille travailleurs venant de la Chine. Ce chiffre est officiel.

L'essai a donc été fait ; il a parfaitement réussi sous le rapport de l'aptitude et de la force suffisante du travailleur chinois. Et si un tel essai devait avoir, comme on le dit, « pour conséquence immédiate la cessation de la traite à Cuba, et pour conséquence prochaine l'abolition de l'esclavage, » ce résultat se serait déjà produit. Or, depuis sept ans que la colonie reçoit des travailleurs asiatiques, il y est entré par la contrebande, plus de nègres esclaves qu'à aucune autre époque précédente. Nous n'insisterons pas sur les preuves de ce que nous avançons. Le journal auquel nous répondons nous en dispense d'ailleurs, puisqu'il attribue le refroidissement des relations entre l'Espagne et l'Angleterre, « à la persistance incontestable de la traite à Cuba et à la tolérance peu déguisée que les autorités espagnoles accordent à ce trafic inhumain. » Ces preuves ont eu du reste un grand retentissement dans ces derniers temps, et ont failli amener une rupture entre l'Espagne et l'Angleterre, d'une part, et d'autre part, entre l'Angleterre et les États-Unis. On n'a sans doute pas oublié le conflit survenu il y a peu de mois entre les cabinets de Londres et de Washington, au sujet des visites pratiquées par la croisière britannique sur des navires américains qui faisaient la traite à Cuba, ni les paroles de lord Malmesbury devant le parlement à l'adresse de l'Espagne où elles ont produit un si vif ressentiment.

Cette persistance de la traite à Cuba, non pas depuis vingt ans, *la Patrie* fait encore erreur, mais depuis la date même du premier traité avec l'Angleterre, en 1817, c'està-dire depuis plus de quarante ans, aurait dû, ce nous semble, mettre en garde ce journal contre l'adoption du chiffre de quatre cent mille, comme exprimant la population actuelle des esclaves à l'île de Cuba. Il n'est pas un seul habitant de ce dernier pays qui ne sache qu'il faut porter à huit cent mille, au moins, le nombre des esclaves que renferme aujourd'hui la colonie. A défaut de preuve directe, nous en possédons une autre qui n'est pas moins concluante. Le recensement officiel de 1842 portait ce chiffre à quatre cent trente-six mille quatre cent quatre-vingt-quinze ; et quoique évidemment au dessous de la vérité, il peut servir à trouver le chiffre exact. La production du sucre a presque doublé à Cuba, depuis 1842; à l'exception du café, toutes les autres branches de l'agriculture cubaine ont subi une pareille augmentation. Les chemins de fer, les constructions publiques et privées, tous les grands travaux d'art et d'industrie qui se font exclusivement dans le pays par des mains esclaves, ont acquis dans ces dernières années un développement inconnu auparavant. En présence de ces faits incontestables et incontestés par ceux-là mêmes qui auraient intérêt à les nier, peut-on croire que la population esclave à Cuba soit restée stationnaire, voire même qu'elle a rétrogradé depuis seize ans ? N'est-on pas en droit de conclure hardiment qu'elle dépasse aujourd'hui le chiffre d'un million ?

La Patrie se trompe également, non pas sur le nombre des affranchis et hommes de couleur libres (celui de deux cent mille qu'elle adopte est à peu de chose près exact), mais sur la race et la condition politique de cette population. Elle en fait une population toute de mulâtres, et, n'était le rôle que ce journal fait jouer d'avance à ces deux cent mille métis dans les prévisions de l'avenir, on pourrait croire à une erreur involontaire de sa part d'une moitié en plus dans l'expression numérique de leur importance.

L'île de Cuba sera bien étonnée d'apprendre qu'elle renferme dans son sein deux cent mille hommes appartenant à cette race intermédiaire qui, selon l'expression d'un de nos grands écrivains, est l'échelon par où la race africaine s'élève et se confond avec la race blanche. Mais sa surprise sera encore bien plus grande quand elle saura que ces deux cent mille affranchis « sont en possession de tous les droits civils et politiques » que leur ferait perdre un changement dans les destinées du pays.

La *Patrie* n'a-t-elle pas entendu parler de certains faits qui se sont passés à l'île de Cuba en 1844? Les journaux étrangers s'en sont pourtant fort occupés dans le temps. Ignore-t-elle que dans la grande conspiration des esclaves à cette époque, — conspiration, pour le dire en passant, dont la réalité ou l'importance reste encore à l'état de mythe, — ignore-t-elle, disons-nous, que les affranchis noirs ou mulâtres y furent compris, traqués, fouettés et traités en tout point comme les esclaves? qu'ils furent fusillés et expulsés du pays au nombre de plus de trois mille? Ignore-t-elle que leur condition, à toutes les époques de notre histoire, n'a jamais été plus enviable que celle de leurs frères esclaves? Flattés et caressés à la veille des dangers, les affranchis retombent bientôt après dans la plus complète dégradation sociale, civile et politique. Ce sont des parias dont le gouvernement espagnol n'a su faire jusqu'à présent que des ennemis de la race blanche, ennemis qui attendent impatiemment leur jour d'action. Ce jour-là, à coup sûr, ils ne feraient pas de distinction entre les blancs oppresseurs et les blancs opprimés. L'Espagne ne le sait que trop : elle n'a pas oublié qu'ils ont un compte effroyable de sang et de misère à régler avec elle. Aussi n'avons-nous pas été peu surpris d'entendre signaler leur coopération armée comme le moyen le plus efficace que l'Espagne se propose d'employer « pour s'assurer la possession de Cuba. »

Nous devons relever une autre erreur de *la Patrie* lorsqu'elle affirme que les planteurs de Cuba imposent à leurs nègres vingt heures de travail par jour, et qu'ainsi ils exécutent avec dix-huit esclaves le travail qui exige trente hommes aux États-Unis. Nous sommes ennemi de l'esclavage, la suite de cet écrit le prouvera, mais il nous est impossible de laisser planer sur nos compatriotes une accusation qui les flétrirait aux yeux de tous les peuples civilisés. Il faut qu'on sache que nulle part au monde, la législation, ou le Code noir, comme on l'appelle, ne fut plus favorable à l'esclave que dans les colonies espagnoles, que nulle part les sentiments du maître ne sont plus humains envers cette classe malheureuse qu'à l'île de Cuba. La durée du travail y est réglée aussi bien par les lois que par l'intérêt et l'humanité des propriétaires, et c'est commettre une blessante inexactitude que de la porter à vingt heures par jour, même aux époques de l'année que signale *la Patrie*. Il y a eu à Cuba, comme partout ailleurs, des abus qui sont inhérents à l'esclavage, mais nous osons affirmer que notre pays se distingue entre toutes les colonies du monde par la douceur vis-à-vis du travailleur noir. Nous en appelons à tous les voyageurs qui l'ont visité.

Cette accusation gratuite de *la Patrie* est d'autant plus à remarquer qu'elle a pris les choses au rebours. Bien loin que le planteur cubain exécute avec dix-huit nègres le travail qui en exige trente aux États-Unis, c'est précisément l'inverse qui a lieu. On fait dans les sucreries de la Louisiane le même travail avec la moitié moins de nègres qu'à Cuba; ce qui ne prouve pas, bien entendu, qu'on y force plus l'esclave que chez nous, mais tout simplement que le planteur louisianais peut disposer de moyens mécaniques et industriels plus puissants, et surtout plus économiques que l'habitant sucrier de Cuba, qui est obligé d'employer beaucoup de bras dans la production.

Nous ferons remarquer en dernier lieu qu'à côté de ces esclaves et de ces affranchis dont nous parle *la Patrie*, il existe pareillement à Cuba une autre population composée de quatre cent mille créoles blancs, descendants d'Espagnols, et dont le journal ne paraît pas même soupçonner l'existence, tant il en a fait bon marché dans ses calculs statistiques et dans ses combinaisons pour l'avenir.

Il nous semble pourtant que ce sont ceux-ci qui constituent le vrai pays, en tant que société civilisée et susceptible de jouer le rôle le plus important dans les événements qui peuvent surgir dans cette partie du Nouveau-Monde. Est-ce oubli ? Est-ce un besoin de la cause à laquelle paraît s'être rallié ce journal ! Nous l'ignorons ; nous posons seulement en fait que le point capital de la question était là, et que c'est précisément celui-là qui a été écarté du débat.

II.

Mais peut-être *la Patrie* n'a-t-elle pas cru devoir faire de distinction entre l'Espagne et ses sujets créoles de Cuba, dans la croyance que ceux-ci sont identifiés avec leur métropole d'intérêts et de sentiments. Nous avons de la peine à admettre cette explication après que la *Patrie* a écrit ces lignes : « Le plus solide appui de la domination espagnole, ce sont les deux cent mille mulâtres de Cuba. » Il paraîtrait qu'avec les vingt-six mille hommes des meilleures troupes castillanes qui sont en permanence dans le pays, avec une population de près de quatre-vingt mille Espagnols péninsulaires, avec une escadre de vingt-six vaisseaux portant trois mille hommes et deux cents canons, avec des forteresses nombreuses et des défenses naturelles très-considérables, et surtout avec cette autre population de quatre cent mille Créoles les plus intéressés à repousser une aggression étrangère, il paraîtrait, disons-nous, qu'avec toutes ces forces et ces moyens l'Espagne devrait pouvoir se passer des auxiliaires que lui donne *la Patrie;* tout au plus ne devrait-elle les considérer que comme un appui très-secondaire.

Ayons le courage de trancher le mot et d'en finir avec les réticences. L'Espagne le sait, et la *Patrie* devrait le savoir : l'Espagne s'est aliéné par sa conduite l'affection et les sympathies de ces quatre cent mille Créoles qui constituent la véritable force et l'importance de la colonie. Voilà la vérité qu'on n'ose pas écrire. Voilà où gît le seul danger pour l'Espagne. Voilà la seule explication du conflit qui se prépare dans le golfe du Mexique et qui peut entraîner le monde dans une guerre désastreuse pour toutes les nations.

III.

A qui la faute, de l'Espagne ou de sa colonie ?

Pour résoudre cette question, faisons un peu d'histoire contemporaine : reprenons la traite des noirs. Nous disons que ce trafic criminel subsiste à Cuba et subsistera aussi longtemps que continueront d'agir les causes qui l'alimentent. *La Patrie* s'est gravement méprise sur la détermination de ces causes et sur les moyens de les faire cesser. Tout au moins a-t-elle interverti les rôles en assignant aux planteurs de Cuba la part qui revient de droit et tout entière au gouvernement du pays. C'est lui, et lui tout seul qui, depuis quarante ans et au mépris de tous les traités, a entretenu et encouragé ce commerce inhumain qu'il lui serait si facile d'abolir s'il le voulait. A qui ferait-on accroire que, dans un pays où l'on ne peut, par aucun artifice, faire entrer une seule feuille imprimée qui soit de nature à déplaire au gouvernement, il serait impossible, même difficile, d'empêcher ces déchargements journaliers de chair vivante qu'on livre en pâture aux cupidités de la spéculation? L'Espagne ne veut pas, ne peut pas vouloir la cessation de la traite des noirs.

Elle s'y est engagée solennellement par un traité conclu avec l'Angleterre, le 23 septembre 1817, dont elle ne tint aucun compte : elle renouvela son engagement par la convention du 28 juin 1835 qu'elle viola également ; elle répondit par de nouvelles protestations de bonne foi aux notes du cabinet britannique du 25 mai 1840 et du 17 décembre 1841 qui restèrent sans effet; en réponse à la note de lord Aberdeen, du 12 février 1842, elle opposa les mêmes promesses et les mêmes déclarations qui se sont succédé depuis à chaque nouvelle remontrance de la part de la Grande-Bretagne. Les premiers documents publics que nous possédons sur ce sujet sont les paroles de lord Malmesbury prononcées dans une des séances du parlement de 1858, où la conduite de l'Espagne fut flétrie du nom de « la plus basse et la plus vile ingratitude. »

L'Espagne maintient et maintiendra obstinément la traite des noirs. Cela est en droit d'étonner ceux qui ignorent que la politique séculaire de l'Espagne à Cuba a été de peupler le pays d'Africains esclaves comme moyen de domination sur ses sujets blancs mécontents et aigris par les spoliations de toutes sortes dont ils ont été toujours victimes de la part de la métropole. Cela peut surprendre quand on ne se rend pas compte des ressources immédiates que puisent les finances obérées de l'Espagne dans l'accroissement incessant de la production sucrière de ses colonies par les moyens les plus prompts et les plus expéditifs. Cela doit paraître inexplicable quand on ne sait pas que la législation économique imposée à l'île de Cuba afin de favoriser le commerce de l'agriculture de la métropole, ne saurait se soutenir que par l'emploi de la force gratuite et brutale du travailleur noir dans la production tropicale.

Nous pourrions remplir des volumes avec les citations tirées des écrivains espagnols où cette théorie de politique et d'économie coloniale est plus ou moins ouvertement exposée et appuyée. Nous pourrions mettre devant le public français le texte de discours prononcés dans le Parlement espagnol, où l'aveu de ces principes n'a soulevé aucune contradiction. Il existe plusieurs ordonnances royales où ils servent de considérants aux mesures prescrites pour l'exploitation des colonies.

Qu'on ajoute à tout cela les moyens d'action et les ressources personnelles que procure aux employés du gouvernement la tolérance ou la connivence dans la traite des noirs, origine bien avérée de beaucoup de fortunes fabuleuses qui se sont faites à Cuba, et l'étonnement se convertira en stupéfaction de ce que de pareils principes et de pareils méfaits n'aient pas, jusqu'à présent, provoqué une manifestation indignée de la part de tous les pays civilisés du monde.

IV.

Non, ce ne sont pas les planteurs, c'est le gouvernement de Cuba qui est responsable devant Dieu et devant la civilisation du crime de lèse-humanité que l'Espagne continue de perpétrer à la honte du dix-neuvième siècle. Voici des preuves :

En 1794, ce sont le commerce et la municipalité de la Havane qui pétitionnent auprès du gouvernement de la métropole, et qui obtiennent, par l'entremise de leur député, l'illustre Havannais don Francisco de Arango, la création d'une société d'encouragement et l'assignation des fonds nécessaires pour développer le commerce et l'agriculture du pays, et *notamment la population* de l'île par *l'immigration* des travailleurs.

En 1811, c'est ce même don Francisco de Arango qui, comme organe des corporations de la Havane auprès des Cortès constituantes de Cadix, fait entendre, au sujet de

la population blanche de son pays, un remarquable discours dont nous ne traduirons ici que ces quelques phrases :

« Permettez que pour nos labours et pour notre sécurité compromise, nous cherchions, partout où nous pourrons les trouver, autant de *blancs* que faire se pourra... Ce même Portugal, notre compagnon d'erreurs et d'infortunes, appelle au Brésil tous les blancs étrangers, et promet de tolérer leurs principes religieux. Quant à nous, nous tolérons et avons toujours toléré qu'il nous vienne des noirs infidèles, dont beaucoup meurent dans leur infidélité, et nous ne pouvons souffrir qu'il nous vienne des blancs catholiques qu'autant qu'ils sont Espagnols ! »

En 1817 et 1819 ce sont encore les corporations cubaines qui demandent et obtiennent des mesures favorables à l'immigration des travailleurs.

En 1832, c'est la Société d'encouragement, composée en grande partie de planteurs, qui se fait allouer des fonds spéciaux pour la colonisation blanche, fonds dont le gouvernement s'empara plus tard.

Chaque fois que cette même Société d'encouragement, les sociétés économiques et les municipalités de l'île ont été appelées à émettre leurs vœux, elles se sont toujours ouvertement prononcées contre la continuation de la traite et en faveur des mesures tendant à remplacer le travail esclave par le travail libre.

Mais nous approchons d'une époque où l'on ne doit plus s'attendre à des efforts collectifs de la part des corporations coloniales pour décourager la traite et favoriser l'immigration des travailleurs. L'année 1834 amena à Cuba le gouvernement du capitaine général don Miguel Tacon, le plus grand despote qui ait jamais affligé cette colonie. L'île de Cuba avait été déclarée en état de siége depuis 1825, époque à laquelle on s'y attendait à une invasion des forces réunies du Mexique et de la Colombie. Le danger passé, le pays resta légalement sous le coup de cette déclaration ; mais, en fait, les chefs qui s'étaient succédé dans le gouvernement de la colonie s'étaient abstenus de faire aucun usage des pouvoirs extraordinaires dont ils étaient revêtus. Les corps constitués et les municipalités avaient continué de fonctionner normalement et dans la mesure d'indépendance était qui possible sous un pareil régime. Le général Tacon arriva pour leur prouver que leurs beaux temps étaient passés. Sa volonté et celle de ses successeurs fut la seule loi à laquelle le pays dut désormais obéir en toute chose. Malheur à qui eût osé la discuter ou la contrarier !

La première victime, au point de vue qui nous occupe, fut don José-Antonio Saco, une des plus grandes illustrations scientifiques et littéraires du pays, banni de Cuba sans forme de procès, et errant, depuis lors, sous des climats inhospitaliers, pour avoir publié quelques articles tendant à démontrer la nécessité de mettre fin à la traite des noirs dans sa patrie.

Plus tard, c'est don Domingo Delmonte, un des plus riches propriétaires d'esclaves et des plus remarquables écrivains de Cuba, qui est exilé du pays et qui meurt sur la terre étrangère, sous le soupçon d'avoir rédigé une pétition pour l'abolition du trafic des noirs, et entretenu des relations amicales avec le consul anglais à la Havane.

En 1844, don Benigno Gener fut forcé de s'expatrier pour éviter les poursuites dont il était l'objet, comme ayant écrit une adresse qui fut signée par quatre-vingt-treize des plus riches planteurs de Matanzas, et remise au capitaine-général de l'île, avec prière respectueuse d'employer tous les moyens qu'il avait à sa disposition afin d'en finir avec la traite des noirs.

Ces quatre-vingt-treize planteurs furent menacés de toutes les rigueurs de l'autorité, s'ils osaient, par la suite, renouveler une pareille tentative. Don Gaspar Bétancourt Cisneros, riche propriétaire de Puerto-Principe, où il s'était acquis une très-grande renommée comme civilisateur de cette contrée et grand promoteur de la population blanche dans le pays, bien qu'il fût resté tout à fait étranger à la démarche de ses confrères de Matanzas, fut appelé devant le capitaine général pour s'entendre dire « qu'on lui arracherait la tête de dessus les épaules » s'il persistait dans sa propagande contre la traite des noirs.

Vers la même époque, don José de la Luz Caballero, le philosophe havannais et l'homme le plus éminent de Cuba par sa vaste instruction et par ses vertus publiques et privées, se voit traduit devant une commission militaire pour répondre à une accusation de complicité dans la grande conspiration des esclaves et des affranchis, qui était à l'ordre du jour, et dans laquelle on prit à tâche d'impliquer tous ceux qui étaient connus pour leurs opinions contraires à la traite des noirs.

Don Manuel-Martinez Serrano, riche planteur de la Havane, succombait, dans le même temps, en prison, accusé d'abolitionisme pour avoir rédigé un rapport de la Société économique, dans lequel on demandait des peines graves contre les infracteurs des traités conclus avec la Grande-Bretagne au sujet de la traite.

Nous n'en finirions jamais si nous voulions nommer tous les habitants de Cuba qui ont été poursuivis ou déportés du pays pour leurs opinions contraires au trafic des noirs. Nous pourrions, au besoin, signaler des centaines de familles cubaines qui ont émigré du pays, pour ne pas être témoins des malheurs qui menacent leur patrie à cause de la persistance de l'Espagne à augmenter l'esclavage à Cuba au moyen des importations africaines.

Depuis l'époque du général Tacon jusqu'à ces derniers temps, la grande tactique employée à Cuba par le gouvernement et par ses satellites, a été de confondre les adversaires de la traite des noirs avec les abolitionistes, et ceux-ci avec les révolutionnaires et les partisans de l'annexion aux États-Unis. L'épithète « d'amis des noirs » a été inventée par les puissants négriers espagnols de la contrée comme résumant toutes ces diverses aspirations et comme moyen de faire sévir l'autorité contre quiconque oserait parler, écrire, penser même d'une manière défavorable à la continuation de la traite.

A côté de ces poursuites et de ces malheurs, voyez ces simulacres de procès intentés de temps en temps, pour la forme, aux riches armateurs d'expéditions africaines, qui s'en tirent toujours à leur avantage et qui continuent d'amasser des richesses dans un pays fermé pour toujours à celui qui eut le malheur de se rendre suspect aux trafiquants de chair humaine. Voyez les places, les faveurs, les considérations réservées dans la colonie à ces gros barons catalans de la finance, dont la fonction la plus lucrative est celle d'approvisionner le marché d'esclaves. Voyez toutes ces mesures législatives et économiques habilement adoptées pour que le travail libre fût impossible à l'île de Cuba. Voyez ces combinaisons criminelles par lesquelles on a fait échouer plusieurs tentatives de colonisation blanche que

quelques planteurs hardis avaient mises en œuvre pour travailler leurs terres. Qu'on réfléchisse sur ces faits, et qu'on
vienne nous dire ensuite que ce sont les planteurs de Cuba
qui peuvent être responsables d'une situation qui leur a
été faite contre leur volonté !

V.

Nous le demandons, sont-ce là des antécédents capables
de faire croire à la conversion subite de l'Espagne à l'endroit de la traite des noirs ? Il ne faut pas se laisser prendre
à de telles amorces. Dans ces derniers temps l'Espagne a
changé de tactique, elle n'a pas changé de but. Elle se
voit aujourd'hui menacée par la révolution morale qui s'est
produite dans le pays, et par l'annexionisme américain,
qui est le fruit logique de son système colonial. Elle voit se
tourner contre elle l'arme perfide de l'esclavage, qu'elle
tenait suspendue sur la tête de ses sujets. Elle a besoin de
l'Europe pour se défendre des maux qu'elle seule s'est
créés. Elle veut se rendre propices, surtout, la France et
l'Angleterre, qu'elle s'était aliénées par sa constante infraction aux traités les plus solennels. Tartufe entre les nations,
elle voudrait apparaître repentante et convertie. Elle a
commencé depuis peu à jouer son nouveau rôle politique.
Elle a autorisé l'introduction, longtemps refusée, à Cuba,
de quelques travailleurs libres, pourvu que ce fussent des
hommes de couleur ; et afin qu'on ne se méprenne pas sur
ses projets abolitionistes, elle voudrait, si c'était possible,
que ces travailleurs fussent des nègres engagés à la côte

d'Afrique. L'Europe doit lui savoir gré de ces dispositions, surtout après que la croisière britannique a été abolie dans les mers cubaines. Seulement l'Espagne demande un répit pour préparer les voies de l'émancipation de l'esclavage dans la colonie. Elle ne voudrait pas spolier sa fidèle Cuba, pour laquelle elle a toujours témoigné des entrailles de mère. Un million d'esclaves, — que la *Patrie* veuille bien le remarquer, — «imposerait au trésor espagnol une charge impossible à supporter s'il fallait indemniser les planteurs. Il faut attendre que le travail libre fasse baisser la valeur du travail esclave. »

Et comme, pour un tel projet, l'Espagne a témoigné jusqu'ici tant de compétence et de bon vouloir ; comme il est de notoriété publique qu'elle a toujours sacrifié ses propres intérêts agricoles et commerciaux pour favoriser ceux de sa colonie en y abaissant le prix de toutes les denrées que consomment les travailleurs ; comme elle est exemplaire en fait de contributions directes et indirectes ; comme la modération de ses tarifs à l'importation de provenances étrangères est si favorable à l'introduction à Cuba de machines, d'appareils et autres procédés pour rendre plus facile l'exploitation agricole, et le travail manuel moins recherché ; comme elle est avant tout disposée à accorder à ses colons cubains une intervention directe dans la confection des lois qui doivent les gouverner, et une part proportionnelle dans la gestion de leurs intérêts locaux, ce qui, en améliorant l'administration intérieure, contribuerait puissamment à développer les ressources du pays et à modifier les conditions dans lesquelles s'y fait aujourd'hui la main-d'œuvre ; pour toutes ces raisons, disons-nous, l'Espagne doit être crue sur parole : l'Europe doit la laisser faire, la philanthropie anglaise ne doit plus s'émouvoir, elle devrait même supprimer dès à présent sa croisière sur la côte de Guinée. Ce jour-là, le jour de l'avilissement du travail et de l'émancipation des noirs arrivé, l'Espagne s'empresserait de se mettre en règle avec ses colons et avec la conscience humaine qu'elle a outragée. C'est la *Patrie* qui le dit.

VI.

Mais, finissons-en : ce n'est pas par le sarcasme et par l'ironie qu'on peut espérer d'éclairer l'Europe sur la sincérité de l'Espagne et sur la situation que sa conduite a faite à la civilisation dans le Nouveau-Monde. Nous l'avons déjà dit, l'Espagne ne veut pas, ne peut pas vouloir la cessation de la traite et l'abolition de l'esclavage dans ses possessions d'outre-mer. Ce serait se montrer par trop naïf que d'y ajouter foi. La traite et l'esclavage, ce sont les deux piliers de sa domination coloniale et le complément logique et nécessaire du système économique et politique qu'elle y a fondé.

Comment ne s'est-on pas aperçu que c'est à l'Espagne que revient tout entier le salaire du million d'esclaves qui récoltent la canne à sucre à Cuba? De quelle manière l'agriculture du pays pourrait-elle payer 125 millions par an sous forme de contributions, d'impôts et d'extorsions de toute nature, s'il lui fallait en outre payer la main-d'œuvre du travailleur? L'Espagne peut-elle ne pas vouloir conserver et accroître la source de pareils profits? consentira-t-elle jamais à ce que d'autres se substituent en son lieu et place pour percevoir ce salaire?

Pour que le travail libre pût s'acclimater à Cuba, il faudrait que l'Espagne cessât d'être l'Espagne ;

Qu'elle changeât de fond en comble toute sa législation économique et administrative dans la colonie ;

Qu'elle renonçât au monopole qu'elle y exerce au profit de l'agriculture, de la marine et du commerce métropolitains, au moyen de son tarif douanier et de ses droits différentiels et de tonnage ;

Qu'elle mit fin aux représailles que lui ont faites les pays étrangers à cause de l'hostilité de ses tarifs, représailles qui retombent tout entières sur l'agriculture cubaine ;

Qu'elle cessât de percevoir des droits d'exportation sur les principaux produits de l'agriculture coloniale.

Il faudrait, au moins, qu'elle établit une juste réciprocité entre la métropole et la colonie, et que les denrées cubaines, considérées comme de provenance étrangère à leur entrée en Espagne, ne fussent pas tenues de supporter les énormes frais de production qui pèsent sur le planteur de Cuba, à cause du privilége de fait que l'Espagne s'est réservé dans l'approvisionnement des articles de première nécessité.

Le voudra-t-elle ? est-elle disposée en vue de faire disparaître tous les obstacles qui s'opposent à la sécurité, à l'ordre et à la prospérité intérieure du pays, et, par conséquent, aux progrès de son agriculture et à la rémunération des travailleurs ; est-elle disposée, disons-nous, à modifier son système administratif, à simplifier les rouages si compliqués, si coûteux et si inefficaces de cet appareil vermoulu qu'elle y fait encore fonctionner depuis plus de trois siècles de mécomptes, d'abus et de corruption ?

Est-elle décidée à réaliser une réforme fondamentale dans l'ordre civil et judiciaire du pays ; à respecter la propriété ; à rendre justice ; à avoir égard aux droits et au mérite dans la nomination aux places ; à y appeler les créoles du pays, entièrement exclus aujourd'hui; à déposer sa haine ou sa méfiance contre les étrangers ; à supprimer les formalités, les vexations et les entraves de toute nature au moyen desquels elle repousse du pays l'industrie, le capital, l'intelligence et les bras qui s'y porteraient de préférence?

A-t-elle pris son parti d'administrer au lieu d'exploiter le pays?

Voilà des questions que la *Patrie* aurait dû se poser et résoudre avant de prêter à l'Espagne des vues et des intentions sincères à l'égard de sa colonie et au profit de la grande solution que le monde aurait tort de lui confier?

VII.

Les habitants de Cuba ne le savent que trop, leur salut dans le présent et dans l'avenir ne dépend plus de l'Espagne agissant sous ses propres et seules inspirations. Ils n'en attendent que ruines et malheurs, jusqu'à ce que le moment soit venu pour elle de satisfaire à la justice qu'elle a si scandaleusement violée. L'île de Cuba n'a pas oublié que l'Espagne trouva dans ses riantes campagnes une population paisible de deux cent mille indigènes, —d'autres disent un million, — et que sous prétexte de les convertir au christianisme, elle les livra, pieds et poings liés, à l'avarice de ses chercheurs d'or. Leurs ossements poudreux sont tout ce que le voyageur en retrouve dans les cavernes où ils cherchaient un refuge contre le prosélytisme des conquérants.

La race indienne n'était pas encore pleinement éteinte à Cuba, que l'Espagne s'avisait déjà de la remplacer en allant demander aux contrées incultes de l'Afrique de nouveaux idolâtres à gagner à la cause du Christ. Dieu seul connaît à combien de millions de victimes se monte aujourd'hui le chiffre effrayant de cette propagande conseillée par un moine bien intentionné.

L'île de Cuba en savait quelque chose pour sa part, et les descendants des Espagnols qui l'habitent, effrayés depuis le commencement de ce siècle des vastes proportions qu'avait atteintes ce carnage humain, et redoutant pour leur patrie les conséquences de cette violation systématique de la loi morale, résolurent de mettre un terme à la traite africaine, bien avant que les déclarations du congrès de Vienne ne vinssent formuler ce nouveau principe du droit public européen.

Mais il n'était plus temps ; toute l'Amérique espagnole du continent levait pour lors l'étendard de l'insurrection et se détachait de la domination tyrannique de sa métropole. L'île de Cuba, qui avait trempé plus avant que toute autre dans le crime de l'esclavage noir, s'aperçut, dans ces circonstances qu'elle avait rivé autour de ses membres les chaînes d'un autre esclavage non moins affreux, ni moins sanguinaire. C'était le châtiment de sa naïve complicité ! Elle comprit alors, trop tard hélas ! que l'Espagne avait complétement réussi dans sa perfide politique de mettre à Cuba deux races en présence, pour les opposer, au besoin, l'une à l'autre, et pour les exploiter toutes deux au profit de ses seuls intérêts.

Quand le pays voulut parler, il reconnut qu'on l'avait bâillonné. Il se vit successivement dépouiller de tout moyen d'influer sur sa destinée future. Ce n'était plus une province espagnole se gouvernant par les mêmes lois que les autres provinces de la métropole, et admise à faire entendre ses vœux dans les conseils de la nation. C'était une contrée conquise qui ne devait obéir désormais qu'au régime exclusif du sabre. La royale ordonnance du 28 mai 1825, qui consacre ce régime, qui a été successivement confirmée et amplifiée par des décrets postérieurs, et qui reste en vigueur, pour la honte de l'Espagne et le malheur de Cuba, est trop significative et trop probante pour que nous nous dispensions d'en faire connaître au public français les dispositions principales.

Il y est dit : « Que S. M. le roi Ferdinand VII, voulant conserver l'île de Cuba, maintenir la tranquillité parmi ses fidèles habitants, contenir dans de justes limites ceux qui voudraient s'écarter du chemin de l'honneur, et ceux qui, oubliant leurs devoirs, commettraient des excès avec infraction de nos sages lois, etc., etc. ; pour ce faire, et ouï le rapport de son conseil des ministres, Sa Majesté autorise pleinement Votre Excellence (le capitaine général de Cuba,) et *lui confère toute la plénitude des pouvoirs dont sont investis les gouverneurs des places assiégées.* En conséquence, Sa Majesté accorde à Votre Excellence l'autorisation la plus ample et la plus illimitée, non-seulement pour éloigner de cette île toutes personnes, employées ou non, quels que soient d'ailleurs leur rang, leur classe ou condition, dont le séjour dans le pays paraîtrait à Votre Excellence préjudiciable, ou dont la conduite publique ou privée pût lui inspirer des craintes, en les remplaçant par d'autres serviteurs fidèles à Sa Majesté et jouissant de la confiance de Votre Excellence ; mais aussi *pour suspendre l'effet de tous autres décrets et dispositions générales concernant les diverses branches de l'administration* dans tout ce que Votre Excellence jugera utile au service de Sa Majesté... »

Il était clair, dès lors, à Cuba, pour tous les esprits, qu'il fallait ou plier devant la nécessité, en attendant des temps meilleurs, ou soulever le pays en masse et accomplir une révolution sanglante dont il n'était donné à personne de prévoir l'issue, tant les éléments qui devaient y concourir se trouvaient en antagonisme de tendances et d'aspirations. L'exemple de Haïti, dont les ruines fumantes pouvaient encore être aperçues du haut des montagnes cuivreuses de Cuba n'était pas fait pour calmer ces préoccupations.

Les conseils de la prudence l'emportèrent. Le pays resta calme, et, il faut le dire à la louange des capitaines-généraux qui commandèrent à Cuba depuis 1825 jusqu'à 1834, leur esprit d'impartialité et de conciliation fut pour beaucoup dans ce résultat. Mais déjà à cette dernière date arrivait dans la colonie le tyran odieux que l'Espagne, devenue constitutionnelle, lui envoyait pour récompenser sa modération et sa fidélité.

VIII.

Le général don Miguel Tacon, préconisé en Espagne pour ses services coloniaux, est le véritable point de départ de la révolution qui plus tard devait ensanglanter la colonie et élever la question cubaine à la hauteur d'un conflit international. Il défit à Cuba l'œuvre conciliatrice de ses devanciers et sema les premiers germes qui devaient fructifier sur un terrain façonné longtemps à l'avance. Jamais homme ne fut mieux approprié pour mettre à exécution la lettre de l'ordonnance royale de 1825, jamais code ne fut conçu plus en harmonie avec les instincts d'un pareil homme.

Et il en usa largement. Nous avons déjà vu comment il s'était comporté vis-à-vis de quelques-uns de ceux qui étaient les adversaires de la traite des noirs. Ce ne fut qu'un cas particulier de sa manière de gouverner.

Il déporta ou bannit du pays des milliers d'individus sur le simple rapport des espions dont il avait rempli la colonie ;

Il dépouilla de leurs attributions les municipalités et tous les corps constitués ;

Il s'empara de leurs fonds pour les employer à son gré ;

Il bâillonna la presse de manière qu'elle ne publiât pas une seule ligne à son insu et sans son autorisation ;

Il attaqua le droit de propriété en faisant abattre des maisons sans le consentement ni l'indemnisation des propriétaires ;

Là où l'on ne s'empressait pas de lui donner gratis des matériaux de construction pour ses projets de défense ou d'embellissements, il envoyait la force armée les prendre ;

Il ne parlait que l'insulte et la menace à la bouche. Il s'attacha surtout à prouver aux créoles du pays qu'il les considérait comme de méchants troupeaux qui ne devaient être menés que par le fouet ;

Il leur témoigna en toute occasion qu'ils étaient inférieurs en droits et en dignité à leurs concitoyens nés en Espagne. C'est lui qui créa cette funeste division entre *Espagnols* et *Cubains* qui est devenue l'origine et le symbole de la révolution.

Nous ne demandons pas à être crus sur parole, ni sur des témoignages qui pourraient paraître intéressés. Nos autorités seront deux Espagnols péninsulaires, l'un et l'autre hommes éclairés, et qui ont résidé dans l'île de Cuba, tous les deux députés aux Cortès espagnoles, et qui devinrent plus tard ministres de la couronne d'Espagne.

En parlant de la situation de Cuba, voici comment s'exprimait M. Benavides dans la séance du congrès du 7 décembre 1837 :

« En effet, Messieurs, la situation de cette île s'est beaucoup empirée dans cette dernière année, et ce sera toujours une grave responsabilité pour les gouvernements antérieurs et pour celui qui est à la tête des affaires, que d'avoir laissé établir *ce système de terreur qui sévit contre les individus sans les entendre et qui procède par les séquestres et par la déportation dans des pays lointains. La peinture que font de ce pays tous ceux qui en viennent fait frémir.* Le mot *pardon* y est inconnu ; celui d'amnistié n'y est jamais arrivé, et ce sont le despotisme et le système de terreur les plus éloignés de nos institutions qui y règnent. Il est urgent que ces paroles parviennent aux oreilles de ce pays, et qu'à la manière d'un baume salutaire, elles puissent soulager ses habitants, qui ont combattu pour notre cause, qui nous fournissent des ressources, et qui, à l'heure qu'il est, nous donnent 15 millions de contributions. »

Dans la même séance, le député Olivan, qui précisément venait d'arriver de l'île de Cuba, après avoir fait connaître les maximes de gouvernement que le général Tacon y avait mises en pratique, ajouta : « Il est devenu, non pas le capitaine général de Cuba, mais le général d'une armée de conquête et d'occupation ; non pas le gouverneur de ce pays, mais le chef d'un parti, après avoir divisé ceux qui naguère, avaient été des frères. » Il cita des faits à l'appui de l'épouvante que ce général avait semée dans la colonie et s'écria : « Telle est la terreur, tel est le degré de stupeur que l'inquisition politique a fait prévaloir dans un pays où la vie s'écoulait auparavant si agréablement ! »

S'élevant ensuite contre le ministère spécial qui dirigeait les affaires coloniales, il l'accusa « d'avoir laissé établir à Cuba un régime qui rappelait le silence des tombeaux. »

IX.

Un rayon d'espoir, cependant, brilla tout à coup sur ce ciel assombri et ralluma le courage prêt à s'éteindre de la colonie éplorée. L'Espagne avait reconquis toutes ses libertés politiques, et l'île de Cuba fut appelée à envoyer des députés aux Cortès générales du royaume. C'était en 1836. Le choix des Cubains se porta sur des individus qui, par leur position, par leur savoir et par la modération de leurs opinions, auraient pu rendre les plus grands services à l'Espagne et à la colonie, et renouer des liens qui se brisaient sous le despotisme du général Tacon. Mais il était écrit que la métropole devait pousser l'île à l'insurrection.

Parmi les députés élus se trouvait don José Antonio Saco, celui-là même que le général Tacon avait banni du pays deux ans auparavant, à cause de ses opinions bien connues, quoique toutes pacifiques, à l'endroit de la traite des noirs. A de telles convictions, il ajoutait de vastes connaissances sur toutes les branches de l'administration publique et une grande intelligence de tous les besoins matériels, intellectuels et moraux de sa patrie. Sa nomination était un échec pour la politique et pour l'orgueil du général Tacon ; une menace pour les négriers espagnols de la contrée ; un danger pour les négociants privilégiés de la farine de Santander ; un coup prêt à tomber sur les abus de toutes sortes, sous lesquels ployait la colonie. Cela suffit. Toutes les influences se mirent en campagne, et quand les députés cubains se présentèrent devant les Cortès constitutionnelles de 1837, on leur signifia qu'ils eussent à se retirer, la nouvelle constitution ayant décidé que dorénavant les provinces espagnoles de l'Asie et de l'Amérique seraient régies par des lois spéciales. Remarquez que ces lois n'ont pas encore été faites à l'heure où nous écrivons, et que c'est toujours l'ordonnance royale de 1825 qui est la loi du pays, avec toutes les aggravations que les événements postérieurs ont suggérées à l'Espagne.

Il devint dès lors évident, pour tout homme né à Cuba, que la question entre sa patrie et la métropole ne pouvait plus se vider que sur le terrain de la révolution. Que la responsabilité en retombe sur ceux qui l'ont rendue inévitable ! Pendant trois siècles et demi, l'Espagne absolutiste et barbare avait régné sur le pays en lui accordant les mêmes droits et les mêmes priviléges qu'à toutes les autres provinces de la nation ; il était réservé à l'Espagne éclairée et libérale du dix-neuvième siècle de déclarer que Cuba ne devait plus être régie que par des lois d'exception et de tyrannie. Le prétexte invoqué, c'est son état social, comme si cet état n'était pas l'œuvre de la métropole ; comme si cet état n'empirait pas de jour en jour par le fait, par la volonté, par l'intérêt, et par la préméditation de l'Espagne !

La révolution s'était accomplie dans l'immense majorité des esprits cubains. Le général don Narciso Lopez fut choisi pour la réaliser dans le domaine des faits. Né à Vénézuela, il avait conquis tous ses grades et décorations en combattant pour l'Espagne sur le continent américain, et plus tard dans les campagnes de la Navarre, où furent si vivement disputés les droits hérédinaires de la reine Isabelle à la couronne d'Espagne. Il était sénateur à Madrid : il y eut l'occasion d'étudier et de comprendre le régime d'iniquité qu'on préparait pour le gouvernement de l'île de Cuba lorsqu'il se démit de ses fonctions et demanda un congé pour passer à la colonie, où il avait des intérêts de famille à régler.

Brave, généreux, prêt à tous les sacrifices dès qu'on lui démontrait une injustice à réparer, il accueillit avec enthousiasme la cause de Cuba et accepta d'en être le chef. 1848 était arrivé, et il jugea l'occasion favorable pour mettre à exécution les plans qu'il avait longtemps mûris. Il devait lever l'étendard de la révolution dans les campagnes de Cuba, et proclamer la déchéance du gouvernement espagnol dans la colonie. Il se préparait déjà à donner les ordres attendus avec impatience, lorsque le projet fut découvert, et que lui-même se vit contraint de se réfugier aux États-Unis.

C'est ici que commence une nouvelle situation, qu'il faut bien saisir, sous peine de s'égarer dans l'appréciation des faits qui se sont passés, et de leur influence sur l'état actuel des choses dans la colonie.

Nous ne venons pas faire ici l'apologie de l'annexionisme. Les Américains du nord ont rendu cette tâche impossible. Lopez n'y avait jamais pensé. N'écoutant que son courage, il eut l'idée de demander à ses hôtes un navire et quelques hommes pour aller porter des armes dont manquait complétement la révolution cubaine. Il se flattait que sa seule présence à Cuba suffirait pour renouer les projets avortés, et que la révolution triompherait par sa seule force, sans être dans la nécessité de prendre des engagements vis-à-vis de l'étranger. Il s'opposa même, avec toute la ténacité de son caractère, à un autre projet qu'avaient formé quelques Cubains d'organiser aux États-Unis une grande expédition qui, selon lui, aurait dénaturé le but et l'importance de la cause qui lui avait été confiée.

Et il partit une première fois en 1850 à la tête de cinq cents hommes, s'empara par surprise de la petite ville de Cardenas, sur la côte nord de l'île, à très-peu de distance de Matanzas, et en communication directe par un chemin de fer avec cette dernière ville et avec la Havane, où était concentrée la plus grande partie des forces militaires du gouvernement. Lopez ne se découragea point en ne voyant pas venir des auxiliaires du pays : il savait bien qu'il fallait marcher vers l'intérieur pour les rencontrer ; mais sa petite troupe n'était pas à la hauteur d'un pareil chef, et voyant déjà arriver les têtes de colonnes de l'armée espagnole, elle refusa de marcher et obligea son chef à se rembarquer pour retourner à la Nouvelle-Orléans.

Le 11 août 1851, Lopez renouvela sa tentative en prenant terre à la tête de quatre cent trente-quatre hommes près de Bahia-Honda, à vingt-quatre lieues à l'ouest de la Havane, où il fut aussitôt rejoint par de nombreuses troupes espagnoles envoyées par terre et par mer à sa poursuite. Nous ne raconterons pas les exploits de ce petit corps expéditionnaire, qui tint la campagne pendant quinze jours, livra et gagna trois batailles sur des forces dix fois plus considérables, et qui épuisé par la faim et la fatigue, dans une contrée montagneuse et dépeuplée, fut forcé à la fin de se débander, tombant en détail sous les coups de l'ennemi, et laissant son chef et six autres de ses partisans les plus attachés entre les mains de leurs persécuteur.

Nous manquons de compétence pour juger les divers mouvements de Lopez sous le point de vue stratégique, et plus encore de données certaines sur les nécessités auxquelles il dut obéir; nous dirons seulement que les deux expéditions de Cardenas et de Bahia-Honda trouvèrent l'opinion du pays divisée sur les moyens d'en finir avec le gouvernement espagnol. Les plus exaltés des révolutionnaires, et leur nombre était nécessairement restreint, pensaient et avaient fait accroire à Lopez, absent du pays depuis deux ans, que sa seule arrivée à Cuba serait le signal d'une insurrection générale qui la replacerait dans les conditions où elle se trouvait en 1848. D'autres, et c'étaient les plus nombreux, auraient accepté le coopéraration étrangère si elle se fût présentée en force suffisante pour empêcher une lutte obstinée, au bout de laquelle ils voyaient poindre la levée en masse de la population noire, déchaînée par la main du gouvernement d'Espagne. Il existait alors un troisième parti, qui penchait pour l'absstention de toute lutte armée, soit que l'imminence du péril les eût découragés, soit qu'ils éprouvassent une répugnance invincible pour le caractère et l'ambition du peuple américain, soit, enfin, qu'ils prêtassent l'oreille à des suggestions d'accommodement partant de la métropole elle-même, ou de quelques penseurs cubains qui conservaient beaucoup d'autorité sur l'esprit de leurs compatriotes.

Et il arriva alors ce qui devait arriver. Le gouvernement s'était beaucoup fortifié depuis 1848. Il avait pris des mesures extraordinaires pour empêcher que les créoles ne se portassent sur les points par où Lopez pouvait attaquer, et il fut aidé merveilleusement par le choix ou par la nécessité, qui décidèrent celui-ci en faveur de Cardenas et de Bahia-Honda, où il allait être cerné dès son arrivée, et privé de toute coopération intérieure. A ces causes il faut ajouter que tous les moyens de publicité dans l'ile étant entre les mains du gouvernement, il s'en servait avantageusement pour répandre les nouvelles les plus fausses et les plus favorables à ses desseins. C'est ainsi, par exemple, que les batailles de las Pozas et de Frias, où l'armée royale fut complétement mise en déroute et son chef tué, furent annoncées partout comme des victoires.

Contre tout cet ensemble de fautes et de malheurs, l'héroïsme fut impuissant. Lopez succomba et fut exécuté à la Havane le 1er septembre 1851. Quelques jours auparavant avaient été fusillés à Puerto-Principe et à Trinidad les chefs Agüero et Armenteros avec cinq autres de leurs principaux partisans, après avoir été défaits dans une lutte inégale par de forts détachements de l'armée de la reine. Ils n'avaient pas attendu l'arrivée de Lopez à Bahia-Honda et s'étaient mis en campagne dans leurs districts respectifs, croyant que le corps expéditionnaire débarquerait de leur côté, comme il parait qu'il avait été convenu.

X.

La victoire obtenue par l'Espagne avait été facile. Elle s'empressa de l'annoncer au monde comme le triomphe de ses armes sur celles de la République américaine, en exaltant surtout les preuves de loyauté et d'adhésion qu'elle avait reçues de sa fidèle colonie.

Il est bien avéré aujourd'hui que si l'Espagne eût mis à profit ces premiers moments pour se montrer conciliante, et généreuse envers le pays dont elle ne se lassait pas de prôner le dévouement dans des circonstances aussi critiques, elle en eût fini une fois pour toutes avec la révolution et surtout avec l'annexionisme. Ses meilleurs amis le lui conseillaient; mais il n'en fut rien. Elle ne put pas se résoudre à pardonner ce premier mouvement, dont elle ne se dissimulait ni le caractère ni la portée. Elle préféra donner par ses actes un démenti éclatant à ses paroles. Elle combla la mesure du mécontentement cubain par de nouvelles restrictions politiques, par l'accroissement des impôts et des contributions, par ses défiances et ses injustices vis-à-vis de la population créole, par des arrestations et des déportations arbitraires, par la recrudescence de tout cet ensemble de moyens oppressifs qui avaient été la cause originelle de ce premier fait de la révolution.

La traite des noirs ne tarda pas à reprendre des proportions inaccoutumées, sous un régime où la moindre contradiction de la part des créoles était traduite en crime de trahison, et portée devant les commissions militaires, qui fonctionnaient alors avec une activité redoublée. Un pauvre commis d'imprimerie du nom de Facciolo, qui, poussé par le besoin, s'était laissé gagner et avait imprimé une feuille où ces abus étaient dénoncés à l'exécration du pays, fut jugé en trois jours et exécuté. Ces rigueurs envers des sujets qu'on prétendait être satifaits du sort que leur faisait la mère-patrie, devait porter ses fruits, surtout quand on les comparait avec la clémence espagnole, qui n'avait jamais voulu consentir à ce que les trafiquants négriers fussent considérés et jugés comme des pirates, ainsi que le demandait l'Angleterre.

Quelque temps après, arriva dans le pays le nouveau capitaine général, Pézuela, dont les convictions personnelles étaient opposées à la traite, mais qui, par contre, commença à adopter des mesures qui furent jugées comme tendant à préparer *l'africanisation* du pays, selon la menace qui avait été faite aux révolutionnaires de Cuba, peu auparavant, par un des ministères les plus désastreux qui aient gouverné l'Espagne.

Ce fut alors que l'annexionisme, de simple expédient qu'il avait paru du temps de Lopez, se convertit en système et recruta à Cuba de nombreux partisans. Déjà à la fin de 1852, une nouvelle conspiration à l'intérieur avait avorté, et ses principaux promoteurs avaient été condamnés à mort ou aux travaux forcés à perpétuité. Les classes les plus riches et les plus influentes du pays, celles-là même qui s'étaient abstenues de coopérer aux premières tentatives annexionistes, comprirent alors que c'en était fait de la colonie, si une forte armée expéditionnaire ne venait en aide à la révolution pour rendre la lutte plus égale, et pour déjouer les plans d'*africanisation* que l'Espagne tenait en réserve contre l'insurrection triomphante. Elles nommèrent un comité choisi parmi les hommes qui, par leurs antécédents, avaient donné le plus de gages à la révolution. Ce comité ou Junta, muni des fonds nécessaires, devait siéger à New-York et y enrôler une armée de trois ou quatre mille hommes, tandis qu'à Cuba on organisait les moyens pour que le pays en masse pût se lever à l'arrivée du corps auxiliaire.

Tout était prêt au commencement de 1854, lorsque le nouveau gouverneur de la colonie parvint à se saisir des fils de cette vaste combinaison, arrêta dans une seule nuit les principaux chefs du mouvement à la Havane et dans d'autres villes du pays, arma tous les Espagnols péninsulaires, créa des bataillons noirs, et se mit en état de faire une défense désespérée.

Dans ces circonstances, le général américain qui devait commander les forces auxiliaires, refusa de prendre la mer, et laissa les Cubains s'en tirer comme ils le pourraient. Le coup était encore manqué, il n'avait abouti qu'à provoquer une nouvelle effusion de sang. Les patriotes Pinto et Estrampes payèrent de leur tête ce troisième effort de la révolution. Une centaine de leurs complices furent condamnés aux galères ou déportés.

XI.

Voilà l'exposé rapide que nous avons cru devoir faire des faits qui se sont passés à Cuba dans ces dernières années, et dont les conséquences constituent la situation actuelle de ce pays et sa position vis-à-vis des États-Unis et du monde entier. Une révolution sacrée par son principe, par son but et par sa nécessité, a échoué devant l'inexpérience, les fautes et les malheurs de ceux qui devaient la diriger.

Elle s'égara surtout en adoptant l'annexionisme comme moyen de réussite. Ce principe, sans lui donner les forces matérielles dont elle manquait pour consommer son œuvre, lui ôta son caractère propre et moral pour la livrer sans défense aux interprétations intéressées que l'Espagne a fait prévaloir et à la défaveur de l'Europe. Ce ne sont pas, dit-on, des sujets à bout de patience et manquant de tous les éléments pour se soustraire à la plus affreuse tyrannie, qui ont appelé la coopération d'un puissant voisin : c'est un acte de vandalisme et de piraterie conçu et perpétré par ce même voisin avide de butin et d'expansion. Ce ne sont pas les habitants de Cuba qui ont voulu, en conquérant leurs droits politiques, mettre un terme à la traite des noirs et préparer leur pays pour l'émancipation de l'esclavage : ce sont les partisans de cette odieuse institution aux États-Unis qui ont voulu s'emparer de l'île, en faire quatre nouveaux États de la grande confédération, et rétablir en leur faveur l'équilibre politique qu'ils ont perdu dans la représentation nationale siégeant à Washington. Ce n'est pas une question de droit, de justice et de civilisation que les Cubains ont voulu résoudre à leur profit, c'est une aspiration à l'agrandissement et à la suprématie que la république américaine a résolu de réaliser à son seul avantage dans le Nouveau-Monde.

L'Europe ne s'est montrée que trop facile et trop crédule à ces suggestions de l'Espagne. Sans s'arrêter à faire la distinction entre ce qu'il peuvent y avoir de vrai et ce qu'il y a de faux et d'intéressé dans ces assertions, l'Europe n'a voulu voir dans la question de Cuba qu'une question entre l'Espagne et les États-Unis, entre le faible et le fort, entre l'abolitionisme et l'esclavage. L'élément cubain, pressuré, opprimé, dépouillé, poussé à bout par le despotisme et les baïonnettes espagnoles; l'élément cubain devançant de beaucoup et par de nobles motifs toutes les colonies du monde dans ces vues sur la traite des noirs et sur les maux de l'esclavage; l'élément cubain affrontant l'exil et toutes ses misères pour soutenir contre la métropole ses droits et ceux de ses semblables, versant son sang pour conquérir sa liberté et la faire partager à autrui; l'élément cubain, disons-nous, notre patrie, saignant par tous ses pores pour avoir aspiré à se placer dans les voies de la justice, du progrès et de la civilisation, qui sont en même temps celles du droit et de la paix entre toutes les nations: voilà ce que l'Europe abusée n'a pas pu ou n'a pas voulu voir dans cette question qui s'agite au delà des mers. Tous ses vœux et ses sympathies se sont portés sur l'Espagne, dont la révoltante politique est la source unique et originelle de tous ses malheurs et des périls qui menacent la tranquillité du monde.

L'annexionisme fut une faute; mais avant d'en faire un crime à la révolution cubaine, il faudrait se reporter aux conditions où étaient placés ceux qui en eurent la première pensée. Il ne faut pas oublier que 1848 avait ébranlé le monde européen, et que ses conséquences pouvaient s'étendre sur toutes les colonies américaines. L'Espagne pouvait être entraînée dans le mouvement général et se voir contrainte, par la force des choses, à décréter l'*africanisation* de la principale colonie, seule issue qui pouvait lui rester contre les exigences du négrophilisme britannique qu'elle avait impunément bravées jusqu'alors. Nous disons l'*africanisation*, et non pas l'abolition de l'esclavage, parce que c'est l'unique moyen que l'Espagne se soit réservé de faire justice à la population noire, et de racheter ses infractions séculaires des traités les plus solennels. Cette pensée qui a toujours été le fond de sa politique vis-à-vis de Cuba, et qu'elle avoua hautement lors des premiers symptômes révolutionnaires dans l'île ; l'insuffisance des moyens sur lesquels pouvaient compter les créoles pour opérer leur libération ; les essais infructueux et sanglants qu'ils avaient déjà tentés ; la perspective qu'on fit briller à leur yeux d'une coopération décisive qui eût évité les malheurs et les désastres d'une guerre prolongée ; le choix qui leur restait, après la victoire, entre l'indépendance ou l'annexion aux États-Unis avec les institutions sociales, soit du nord, soit du sud de ces mêmes États ; la certitude de pouvoir élever leur patrie, dans n'importe laquelle de ces situations, à un degré de grandeur et de prospérité dont elle sera toujours privée sous le régime espagnol : telles sont les considérations qui prévalurent dans l'esprit d'une très-grande partie des révolutionnaires cubains, lorsqu'après les défaites de Lopez ils résolurent d'invoquer l'appui efficace d'une puissance étrangère et, au besoin, de lui sacrifier l'indépendance de Cuba.

Pour les juger, il ne faut pas non plus perdre de vue qu'ils se trouvaient à 1,600 lieues de l'Europe, à la merci de l'Espagne, qui avait accumulé dans la colonie d'immenses ressources militaires, sans autre entourage que de petites républiques impuissantes et livrées à l'anarchie, et vis-à-vis d'un colosse qui étalait devant eux sa force et sa prospérité en invoquant les mots magiques de justice et de liberté.

Pour les condamner, il faudrait refaire l'histoire et donner de nouvelles lois à l'esprit humain. Quelle est la nation au monde qui ne compte dans ses annales quelque appel à l'étranger, quelque intervention armée pour la défendre de la tyrannie intérieure? Que fait aujourd'hui l'Italie, qui n'a rien à craindre, elle, d'une guerre servile sur son territoire? Et, pour ne pas sortir du Nouveau-Monde, a-t-on fait un crime à ces nombreuses républiques émancipées du pouvoir de l'Espagne de ce qu'elles demandèrent et obtinrent les secours d'hommes, d'armes et d'argent que leur a fournis l'Angleterre? Ces mêmes États-Unis, aujourd'hui si puissants, auraient-ils triomphé de leur métropole sans les armées, les flottes et l'or de la France et de l'Espagne?

Toute la différence, il faut le dire à la honte de ceux qui nous jettent la pierre, c'est que le succès a manqué à la révolution cubaine qui, pourtant, en était digne.

Ce ne fut pas un crime, ce fut une faute : les événements l'ont prouvé. L'Union américaine ne sait pas avoir de la grandeur, même au profit de sa cupidité. Elle rapetisse à la taille du flibustiérisme le noble rôle qu'elle aurait pu se donner de puissance combattant pour la liberté, voir même pour la conquête. Dans ce dernier cas, l'histoire se fût chargée, comme toujours, de l'absoudre. Elle aima mieux abandonner aux patriotes cubains la tâche des sacrifices et de l'héroïsme, se réservant la part du lion dans le partage de la victoire. Elle a vu, sans s'émouvoir, ruisseler le sang de nos martyrs frappés un à un en invoquant une cause qui était devenue aussi la leur. Que les malédictions de Cuba retombent sur sa tête !

XII.

Voilà la situation qui a été faite à Cuba, et par l'Espagne et par les États-Unis; mais il ne faut pas se le dissimuler, les fautes et les mécomptes n'y ont pas changé la nature des choses. La révolution cubaine a été comprimée, elle n'est pas anéantie. Les causes qui lui donnèrent naissance subsistent toujours; et loin de s'affaiblir, elles se sont aggravées de toute la haine et de toute la vengeance qu'inspirent aux partis, aussi bien les préoccupations du vainqueur que les malheurs et la honte du vaincu. Entre l'Espagne et sa colonie, il y a aujourd'hui un abime de sang, que la première creuse chaque jour davantage, en voulant le combler par de nouvelles rigueurs et par un accroissement incessant de spoliation et d'injustice. Le soleil ne se couche pas un seul jour à Cuba sans y voir débarquer de nouveaux régiments espagnols pour river ses chaines, ou de nouveaux esclaves africains dont l'Espagne fait sa grande réserve pour l'avenir.

Que l'Europe le sache : plus la révolution cubaine sera réduite à l'impuissance dans ses propres moyens, et plus elle sera tentée d'oublier les griefs dont elle a à se plaindre de la part de l'Union américaine. Celle-ci ne voulut pas ou n'était pas prête à l'heure de l'appel cubain. Son jour parait enfin arrivé ! Le cabinet de Washington vient d'inaugurer une nouvelle politique. Le mot Cuba retentit d'un bout à l'autre de la grande république; c'est un mot de ralliement qui peut être entendu de vingt-huit millions d'hommes. Malheur à l'Espagne le jour où ils enverraient leur avant-garde s'abattre sur sa colonie : ce jour-là elle verrait passer à l'ennemi les cinq cent mille créoles qu'elle a élevés dans la haine de sa domination. Et que l'on ne crie pas à la trahison ! Non, les traîtres seraient toujours ceux qui nous auraient forcés de choisir entre la barbarie espagnole ou africaine et le drapeau étoilé, qui porte au moins un symbole de liberté.

XIII.

Tel est, au courant de la plume, l'exposé abrégé que nous avons cru devoir faire de cette question cubaine, si peu connue dans ce qu'elle a de particulier à notre pays. Sous ce rapport, elle est bien digne de l'attention et des sympathies de tous ceux qui ont reçu du ciel le sentiment du droit et de la justice. Mais sa portée, beaucoup plus vaste et générale, la recommande à la méditation de tous les hommes d'État de l'Europe. L'île de Cuba, par sa position géographique, par les intérêts politiques, sociaux et commerciaux qui s'y rattachent, résume aujourd'hui en une merveilleuse synthèse les plus grands problèmes du dix-neuvième siècle. A l'heure qu'il est, les questions s'y pressent grosses de complications et de conflits. Ne pas les envisager dans toute leur portée, les voir à travers le prisme menteur de l'Espagne officielle, vouloir les résoudre sur des données inexactes, incomplètes ou intéressées : voilà, ce nous semble, le malheureux procédé suivi jusqu'à ce jour par la presse européenne.

L'article de la *Patrie*, auquel nous répondons, est une preuve de ce que nous avançons : peupler Cuba de mulâtres et de noirs libres ! telle est la solution que propose un journal de Paris à une question où il ne s'agit pas seulement des démêlés de l'Espagne avec les États-Unis, mais, surtout et avant tout, de l'avenir et de la civilisation du Nouveau-Monde !

Il est vrai que la *Patrie* avait déjà été précédée dans cette voie par un autre journal parisien dont il nous coûte d'imprimer ici le nom, tant il nous avait habitué à d'autres espérances dans la compréhension des grandes questions qui s'agitent dans le monde entier. Il écrivait, il y a peu de jours, que pour empêcher le président Santana de négocier avec l'Union américaine la cession de la baie de Samana, à Saint-Domingue, le meilleur moyen serait d'annexer cette partie de l'île à l'empire de Faustin Ier. Partout et toujours élever la barbarie comme obstacle à l'agrandissement des États-Unis ! Nous ne savons pas si le conseil est bon ; nous savons seulement qu'il est indigne de la presse française de rééditer cette lâche et perfide conception du ministère Sartorius en Espagne.

Nous le demandons à l'Europe : Que gagneraient le monde et la civilisation à l'*africanisation* des Antilles ? Est-ce ainsi seulement que la France et l'Angleterre rempliraient le rôle qu'elles se sont imposé de gardiens de la justice et du droit dans toutes les parties du globe ? Est-ce là le seul service qu'elles peuvent rendre à l'Espagne qui, certes, l'aurait bien mérité ? Est-ce là surtout la mission de la France, en sa qualité de dépositaire et de protectrice des destinées de la race latine ? Serait-ce digne de son nom, de sa gloire et de sa bravoure de fuir le combat, si combat il doit y avoir, pour abdiquer entre les mains des sauvages la défense du droit contre les atteintes de l'aigle américaine ?

Non, ce sont là des conseils honteux et insensés que

l'Europe n'écoutera pas. La France ne saurait y souscrire. Ils ne peuvent aboutir qu'à alarmer les intérêts, à compliquer la situation, à hâter des événements qu'on devrait rendre impossibles à tout jamais par l'attitude ferme et résolue qui seule sied aux grandes puissances européennes dans les questions qui s'agitent dans cette partie du Nouveau-Monde. Elles ont le droit et le pouvoir de parler plus haut ; elles ont le devoir de formuler, dès à présent, en termes clairs et précis, en face de la doctrine exclusive de Monroë, la contre-doctrine de l'intérêt universel. Elles doivent se constituer incessamment et ouvertement en protectrices de toutes les Antilles contre les usurpations des États-Unis. L'île de Cuba, qui est la clef du commerce actuel dans le golfe du Mexique, et qui, par le percement de l'isthme de Nicaragua, va devenir la position stratégique culminante de ce passage interocéanique et le rendez-vous obligé de toutes les marines du monde, ne doit pas rester à la merci des États-Unis ; moins encore convient-il qu'elle passe au pouvoir de sauvages africains !

XIV.

Doit-elle rester entre les mains de l'Espagne ?

Si nous devions dire ici toute notre pensée, nous n'hésiterions pas à nous prononcer pour la négative. Nous invoquerions, en notre faveur, le nouveau principe qui est déjà dans toutes les consciences, et qui s'inscrira bientôt, il faut l'espérer, dans le code universel des peuples : celui de l'expropriation forcée pour cause de moralité et d'intérêt humanitaire. L'île de Cuba, constituée en état indépendant sous la garantie et la protection des principales puissances européennes et américaines, est évidemment la solution suprême à laquelle les événements doivent forcément conduire, si l'Europe intervient, comme c'est son droit et son devoir, dans le réglement de la question cubaine. Nous pourrions lui répéter, à ce sujet, ce qu'il y a très peu de jours lui conseillait, vis-à-vis de l'Italie, une brochure qui a fait une grande sensation : « Que la diplomatie fasse, la veille d'une lutte, ce qu'elle ferait le lendemain d'une victoire. »

Nous ne voulons pas, cependant, être accusé d'aspirations prématurées, en essayant de devancer les nécessités de l'avenir; nous craignons d'effaroucher les timidités de la diplomatie. Nous pensons, d'autre part, que les puissances européennes, qui furent jusqu'à ce jour spectatrices indifférentes de la conduite de l'Espagne dans le Nouveau-Monde, seraient mal venues à lui signifier dès aujourd'hui sa déchéance.

Laissons l'Espagne épuiser son droit, s'il lui en reste après avoir violé la loi morale des nations. Qu'elle le perpétue même, si elle se décide à entrer franchement dans les voies de la justice et de la civilisation; qu'elle conserve Cuba, ce dernier fleuron de son ancienne splendeur et de sa puissance dans le Nouveau-Monde.

Ce que nous ne voulons pas, ce à quoi l'Europe ne doit pas consentir, ce que nous sommes résolus d'empêcher, fallût-il nous livrer à la merci des convoitises américaines, c'est que l'Espagne conserve plus longtemps le pouvoir de ruiner notre belle patrie en la peuplant de noirs qu'elle recrute parmi les hordes sauvages de l'Afrique, dans le but de se gorger d'or et de préparer ses vengeances. Ce que nous

4

ne voulons pas, c'est que l'Europe se laisse prendre à ces semblants d'un abolitionisme tardif dont l'Espagne a frappé chez nous le moindre soupçon par le glaive et par l'exil.

Ce que nous voulons, parce que nous l'avons toujours voulu, c'est que l'esclavage noir cesse et pour toujours à l'île de Cuba ; non pas au jour du péril de l'Espagne et sous la dictée de sa haine et de son désespoir, mais avec l'accord et par l'intervention des habitants du pays, et sous la garantie de toutes les puissances qui leur assureraient en même temps la jouissance des droits politiques dont ils ont été dépouillés sous prétexte de ce même esclavage qu'ils ont subi et non pas créé. Si l'Espagne a des droits, nous avons aussi les nôtres. Qu'elle les respecte, qu'elle cesse de nous considérer comme des troupeaux qu'elle peut tondre à volonté jusqu'au moment de les égorger. Si elle ne doit pas être expropriée au nom d'un principe plus universel, qu'elle soit sommée et contrainte de se conformer aux prescriptions que le droit, le Christianisme et la civilisation imposent aux nations modernes.

Ce sont là, Messieurs de la presse européenne, de véritables solutions, des solutions qui comprennent tous les intérêts, qui respectent tous les droits, qui écartent toutes les éventualités, qui seules sont dignes d'un siècle de lumière et de justice. Aidez-nous à répandre ces vérités dans le monde, il y va de la paix et du progrès universel. Si vous détournez un instant vos regards de l'Europe agitée, dites-vous qu'il y a par delà les mers une autre question d'équilibre politique et de civilisation. Il y a là une Russie également dangereuse et envahissante. Il y a là une autre Turquie qui compromet la tranquillité générale; une Autriche qui viole les droits les plus sacrés. Il y a aussi une autre Italie frémissante qui demande à être sauvée et à devenir le gage d'union et de paix entre les principales nations de la terre.

XV.

Pour cela que faut-il faire? Non pas bien certainement un projet de traité tripartite comme celui que la France et l'Angleterre proposèrent aux États-Unis en 1852, et qui fournit à la jeune République une réponse aussi logique que victorieuse à son point de vue particulier. Dans cette convention, il ne s'agissait de rien moins que d'une déclaration obligatoire de la part des trois plus grandes puissances maritimes du monde, équivalant en fait à assurer à l'Espagne la possession perpétuelle de l'île de Cuba sans aucun engagement de la part de l'Espagne vis-à-vis des puissances, et sans garanties d'aucune espèce à l'égard des habitants de la colonie. Le marquis de Miraflores, ministre des affaires étrangères en Espagne, à cette époque, poussa la prévoyance jusqu'à ses dernières limites, en demandant à la France et à l'Angleterre une déclaration beaucoup plus explicite qui assurerait à l'Espagne sa domination à Cuba, même contre une révolution victorieuse à l'intérieur.

Le traité tripartite, eût-il été accepté par les États-Unis, n'était pas une solution, ni au point de vue particulier de l'Espagne, ni au point de vue des intérêts généraux engagés dans la question. Attentatoire aux droits de la morale et de la justice, consacrant à perpétuité le despotisme espagnol à Cuba, loin de prévoir et d'écarter les complications dans cette partie du monde, il eût été la source des

plus grands conflits par la suite. Il ne profitait momenta-
nément qu'à l'Espagne qui se voyait alors menacée d'une
révolution dont elle seule était responsable, et qui est la
cause permanente des troubles et des perturbations qui
peuvent surgir au sujet de sa colonie.

Il serait urgent aujourd'hui de prendre la contre-partie
de ce projet de solution des difficultés survenues en Amérique ; de reconnaitre d'abord, et avant tout, les droits im-
prescriptibles de la colonie cubaine à être gouvernée selon
les lois générales de la nation espagnole, et sur le pied d'é-
galité avec les autres provinces européennes de l'Espagne,
dont elle dépasse quatre des plus considérables en territoire, en importance et en éléments de toute nature au
point de vue du progrès moral et matériel.

Les puissances signataires de la nouvelle convention se
constitueraient, séparément et collectivement, garantes de
la possession de Cuba par l'Espagne, et du maintien des
droits et des devoirs respectifs de l'Espagne et de sa colonie, pouvant les contraindre au besoin, l'une et l'autre, à
la stricte observance des stipulations qui seraient concer-
tées pour assurer leur union.

L'abolition de l'esclavage à Cuba, l'époque de sa mise en
vigueur, la détermination de l'indemnité due aux propriétaires, les fonds qui y seraient alloués et toutes les mesures indispensables pour que cet acte s'accomplisse sans
danger et sans perturbation, rentreraient dans les attributions des puissances signataires, qui, au préalable auraient
entendu les vœux des colons régulièrement consultés à cet
effet.

En cas d'incompatibilité absolue et reconnue entre l'Espagne et sa colonie, il serait procédé par l'accord et avec

le concours général desdites puissances, à la fixation de l'indemnité à laquelle aurait droit l'Espagne pour son renoncement à la souveraineté de Cuba, qui serait érigée en État indépendant avec la constitution politique qu'arrêterait la majorité des parties contractantes après avoir consulté les vœux de ses habitants.

La France, l'Angleterre, la Russie, les États-Unis et le Brésil, qui sont, avec l'Espagne, les grandes puissances les plus immédiatement intéressées dans l'équilibre politique et commercial du Nouveau-Monde, seraient invités à prendre part, avec elle, à cette grande solution qui serait en même temps celle de tous les points en litige en Amérique. La question de Cuba réglée, celle de l'Amérique centrale en deviendrait le corollaire obligé. L'indépendance nationale de tous les pays américains menacée par la politique aventurière des États-Unis, se trouverait de fait assurée par ce premier pas de la diplomatie européenne, ou pourrait devenir l'objet d'une annexe du traité principal.

Le problème ainsi posé, quelle serait la réponse du cabinet de Washington? Nous l'ignorons : nous savons seulement que son refus mettrait l'Union américaine au ban de la civilisation, et tracerait à l'Europe la voie où elle doit s'engager, tout en confirmant la nécessité de l'alliance américo-européenne, que nous appelons de tous nos vœux, comme indispensable au repos du monde. L'heure n'est-elle pas venue d'engager le débat entre la célèbre doctrine de Monroë et le droit universel? Croit-on écarter les conflits en les ajournant? Voudra-t-on tenter de résoudre les difficultés quand il sera trop tard?

Nous en disons autant de l'Angleterre. Le moment est arrivé de la mettre en demeure de se prononcer, et sur le véritable sens qu'elle attachait à la déclaration tripartite dans laquelle elle entraîna la France, et sur la sincérité de ses protestations en faveur de l'équilibre politique et du respect du droit dans toutes les parties du monde. Il est temps de savoir à quoi s'en tenir sur son inexplicable longanimité, nous dirions presque, sa complicité avec l'Espagne dans la traite des noirs. Veut-elle l'abolition de l'esclavage à l'île de Cuba aux seules conditions qui conviennent à la justice et à la civilisation, ou est-ce là l'arme que sa politique s'est de tout temps ménagée pour la faire tomber sur son ennemi du quart-d'heure ? A qui en veut-elle, à la fin, de l'Espagne ou des États-Unis ? Aspire-t-elle à l'*africanisation* du groupe entier des Antilles pour se venger de tous ses ennemis à la fois, et devenir la seule productrice du sucre tropical ? ou prépare-t-elle les voies de l'annexion et de la toute-puissance au profit de son frère de race pour partager avec lui l'empire du monde, selon les vœux de ses journalistes et de quelques-uns de ses hommes d'État ? Est-elle, oui ou non, l'alliée de la France pour faire triompher le droit et maintenir l'équilibre politique partout où ils se trouveraient compromis ?

Qu'on le sache une fois pour toutes. Il est de toute nécessité que la France apprenne si l'attitude prise par la Grande-Bretagne dans le règlement de la constitution politique des provinces danubiennes, si son mauvais vouloir vis-à-vis de la question italienne, sont les intérêts passagers d'une politique buissonnière, ou la pensée bien arrêtée d'une opposition systématique aux vues et à la grandeur de l'influence française dans le monde.

La Russie est un colosse qui essaye de racheter aujourd'hui le temps perdu à la poursuite d'un rêve d'ambition et de conquête. Ce n'est pas seulement en Asie que l'appellent les intérêts de son influence politique et de son commerce ; c'est aussi en Amérique où elle s'étend à travers les régions polaires de son vaste empire.

Le Brésil est, à l'heure qu'il est, et par sa puissance, et par le développement de sa prospérité, fruit de ses sages lois politiques, le représentant le plus considérable de la race latine dans le Nouveau-Monde. Comment pourrait-on douter de son acquiescement à entrer dans le concert européen et à prendre part à un traité qui aurait pour effet de lui assurer sa part de juste influence dans la solution des grandes questions américaines? Lui aussi est poussé par les nécessités du siècle à résoudre chez lui le problème social de l'esclavage, question qu'il a déjà rendue plus facile par son renoncement sincère à la traite des noirs, et par des mesures habiles de commerce et d'immigration.

De toutes les puissances appelées à former la convention et, au besoin, la ligue américo-européenne, nulle n'est plus directement et plus immédiatement intéressée à sa réussite que ne l'est l'Espagne. C'est elle aussi qui en recueillerait les avantages les plus prompts et les plus importants, en s'assurant tout d'abord la possession indéfinie de sa belle colonie, qu'elle peut perdre du jour au lendemain par l'isolement où sa politique l'a placée, et en reprenant la suprématie et la haute main sur un continent où elle a inscrit son nom, sa bravoure et sa gloire en caractères que le temps ne saurait effacer. Il y a là vingt millions d'hommes qui parlent sa langue, qui conservent ses us et coutumes, qui perpétuent ses traditions, et qui peuvent encore, à son appel et à son exemple, donner au monde le spectacle grandiose d'une civilisation qui, près de s'éteindre, se rallume subitement et brille au souffle vivifiant du droit, du progrès et de la justice. C'est l'Espagne, c'est son génie, sa force et la vitalité de sa race qui peuvent avant tout changer les destinées de l'Amérique, en servant de rempart contre la marche victorieuse de l'élément anglo-saxon. C'est elle, assurément, qui est appelée à prendre le pas sur toutes les nationalités qui aspirent à la prépondérance et à la gloire dans le monde découvert et conquis par sa vaillance.

« L'île de Cuba seule vaut un empire » a dit un publiciste célèbre. La nature l'a taillée et l'a placée à l'endroit qu'il fallait pour commander toutes les avenues du commerce et pour surveiller et dominer du canon de ses vaisseaux les routes stratégiques de la guerre maritime au Nouveau-Monde. Dans la prévision de ses destinées, elle en découpa les contours en d'innombrables ports, qui appellent la concurrence marchande de tous les pavillons, et où peuvent s'abriter contre la tempête les escadres réunies de toutes les nations de la terre.

Puissant Gibraltar de la Méditerranée américaine, et sentinelle postée à l'entrée du Mississipi, l'île de Cuba peut à la fois bloquer tous les ports atlantiques du Mexique, et arrêter au passage tous les produits qui débouchent par la grande artère du commerce et de l'agriculture anglo-américaine.

C'est elle aussi, c'est Cuba qui, placée en regard du passage interocéanique que la civilisation moderne va percer à travers l'Amérique, en gardera les clefs et en percevra le péage en abondants et riches tributs de toute espèce.

Aussi étendue en surface que la presque totalité de l'Angleterre ; avec un ciel et un sol qui en centuplent la puissance ; avec des produits végétaux et minéraux qui n'ont pas de compétiteurs sur aucun marché du monde ; avec un noyau de population disposé à toutes les conquêtes de l'intelligence et de la civilisation, que manque-t-il à Cuba pour réaliser la prophétie de l'abbé Raynal, et surpasser même la brillante épopée rêvée par quelques-uns de ses plus enthousiastes admirateurs ?

Il lui manque un bon gouvernement, un gouvernement qui, oubliant les traditions et les errements d'un autre âge, la relève de son abaissement politique par des lois de justice et de liberté, en lui ceignant le front d'une auréole de gloire et de prospérité qui rejaillira sur tous les Espagnols de l'un et de l'autre hémisphère.

Tant de ressources et d'éléments de puissance et de grandeur, tant de moyens d'influer sur la destinée matérielle, politique et sociale de tout un monde, ne furent pas donnés à l'Espagne pour qu'elle en mésusât. Il faut qu'elle accepte ce brillant héritage avec tous ses devoirs et toutes ses conséquences, ou qu'elle abdique entre des mains plus aptes à remplir les grandes vues de la Providence.

Voilà l'œuvre de la diplomatie, voilà la solution suprême à laquelle pourront se reconnaître les véritables hommes d'État de l'époque. Voilà le rôle d'initiative qui appartient à la France, elle dont la mission est de semer des idées dans le monde pour la riche moisson de l'humanité.

Nous croirions l'outrager en cherchant à lui démontrer quel serait son intérêt dans la solution du problème posé en Amérique. N'y en eût-il pas pour elle de conservation et d'agrandissement de sa légitime influence, il y en aurait toujours dans le sens si bien saisi et exprimé par son Empereur :

« L'intérêt de la France est partout'où il y a une cause juste et civilisatrice à faire prévaloir. »

Mars 1859.

APPENDICE

On lit dans la *Patrie* du 17 janvier 1859 :

L'Esclavage à Cuba et aux États-Unis.

Le ministère espagnol a présenté aux Cortès un projet de loi afin d'être autorisé à introduire dans l'île de Cuba vingt mille travailleurs libres, tirés soit des colonies asiatiques de l'Espagne, soit de l'Hindoustan. Ce projet de loi vient d'être adopté, et nous espérons que le cabinet de Madrid se hâtera de profiter de l'autorisation qui lui est accordée. L'essai qu'il s'agit de tenter aura, s'il réussit, pour conséquence immédiate la cessation de la traite à Cuba, et pour conséquence prochaine l'abolition de l'esclavage. Ce sont là des motifs suffisants pour que tous les amis de l'humanité s'intéressent aux efforts du gouvernement espagnol.

Pour protéger Cuba contre les convoitises américaines, l'Espagne devrait surtout compter sur l'Angleterre, qui a aussi à défendre la Jamaïque et tant d'autres îles importantes ; mais les relations jadis intimes de l'Espagne et de l'Angleterre se sont fort altérées depuis vingt ans ; et la cause principale, pour ne pas dire unique, de ce refroidissement, c'est la persistance incontestable de la traite à Cuba, et la tolérance peu déguisée que les autorités espagnoles accordent à ce trafic inhumain. Cette persistance de la traite, en obligeant les Anglais à maintenir, par amour-propre, une croisière dans la mer des Antilles, est la source des démêlés continuels qui surgissent périodiquement entre l'Angleterre et les États-Unis.

Pourquoi la traite, abolie partout ailleurs, subsiste-t-elle à Cuba? C'est que, de nos jours, l'esclavage a cessé d'être une question d'humanité pour devenir une question économique. Dans le vieux monde, c'est le bon marché de la matière première qui donne la supériorité à un lieu de production. Dans les climats tropicaux, où la nature se montre également libérale envers tous, le bon marché du *travail* est le seul élément sur lequel l'esprit de concurrence puisse baser ses calculs. Aux États-Unis et au Brésil, où il n'est plus possible d'introduire de nouveaux esclaves, la valeur des nègres va toujours croissant, et les propriétaires sont conduits par leur propre intérêt à ménager leur troupeau humain, de peur d'user prématurément des instruments de travail dont chacun représente une somme considérable.

Les planteurs de Cuba, au contraire, ont pu prendre une avance considérable sur tous leurs concurrents, parce qu'ils ont pu impunément abuser de leurs esclaves. Dès que la récolte arrive à maturité, ils imposent à leurs nègres vingt heures de travail par jour, et ils les divisent en relais : les cannes, à peine coupées, sont portées sous les presses à vapeur, qui fonctionnent jour et nuit; il n'y a point de perte par la fermentation des cannes coupées, point d'altération des jus : tout est mis à profit; et un planteur de Cuba exécute avec dix-huit nègres le travail qui exige trente hommes aux États-Unis. Un certain nombre d'esclaves succombent à l'excès de la fatigue après chaque saison. Mais qu'importe au planteur s'il peut remplacer à bon marché les nègres qu'il a perdus, et si ce *déchet* est plus que compensé par l'économie obtenue sur la main d'œuvre?

Mais pour que le planteur puisse se procurer des nègres à bon marché, il faut qu'il ait à sa portée un marché bien fourni; et voilà comment le maintien de la traite s'est trouvé étroitement lié à la prospérité de Cuba. Tous les gouverneurs généraux sont arrivés avec la ferme intention de faire cesser la traite, et tous, après un certain temps, ont cru le mal nécessaire et ont fermé les yeux. Comment ruiner une île qui a été la ressource des finances espagnoles dans les jours difficiles? Sans les quinze ou vingt millions que Cuba envoie annuellement à Madrid, que de fois le trésor espagnol se fût trouvé à sec?

Les gouverneurs généraux eussent-ils voulu d'ailleurs persévérer dans la voie de la rigueur, leurs efforts eussent été déjoués par l'accord de la population tout entière. Le ministère espagnol a bien compris que le seul moyen de détruire efficacement la traite, c'était d'assurer aux planteurs le travail à bon marché. Voilà pourquoi il veut introduire des coolies à Cuba. Le prix d'achat des nègres et les frais de leur entretien sont assez élevés aujourd'hui dans cette île pour que cet essai ait des chances de succès. Si les planteurs trouvent avantage à employer ces nouveaux travailleurs, ils n'auront plus intérêt à favoriser la traite. Celle-ci cessera aussitôt faute de débouché, et l'Espagne y gagnera du même coup une réhabilitation morale et la protection de l'Angleterre contre les États-Unis.

L'introduction des coolies n'eût-elle d'autre résultat que de faire cesser la traite à Cuba, il y faudrait déjà applaudir de toutes ses forces. Mais elle peut conduire à l'abolition de l'esclavage, ce qui serait encore un plus grand bien. Il y a quatre cent mille nègres à Cuba, et leur valeur allait sans cesse croissant, malgré la traite; aussi le gouvernement espagnol n'osait-il plus songer à leur émancipation. Émanciper les nègres sans indemniser les planteurs, eût été une spoliation qui aurait soulevé l'île tout entière et l'eût jetée dans les bras des États-Unis; émanciper avec indemnité eût imposé au trésor espagnol une charge impossible à supporter.

Si, au contraire, l'introduction du travail libre fait baisser la valeur du travail esclave, cet avilissement du prix des nègres, joint aux affranchissements qui sont nombreux à Cuba, et aux extinctions, résultat de l'extrême mortalité de la population noire, permet d'envisager le jour où le fardeau de l'indemnité cesserait d'être trop écrasant, et où il pourrait être pourvu aux frais de l'émancipation au moyen d'un emprunt assis sur les revenus mêmes de Cuba. La philanthropie anglaise, espérons-le, ne refusera point, ce jour-là, à l'Espagne, son puissant concours financier.

Le ministère espagnol sait bien, et c'est là le mobile déterminant de sa conduite actuelle, que l'abolition de l'esclavage est le moyen le plus infaillible d'assurer à l'Espagne la possession de Cuba. L'indépendance sourirait assez à certains planteurs qui sont en relations quotidiennes d'affaires avec la Nouvelle-Orléans et New-York. Le plus solide appui de la domination espagnole, ce sont les deux cent mille mulâtres de Cuba, qui sont aujourd'hui des hommes libres,

en possession de tous les droits civils et politiques, et qui, le lendemain de l'annexion aux États-Unis, retomberaient au niveau des
esclaves. Fortifier cette classe par l'adjonction de tous les nègres
encore dans les liens de l'esclavage, ce serait élever une barrière
insurmontable à l'invasion américaine. Les affranchis se feraient
exterminer sous le drapeau de l'Espagne, plutôt que de subir le ré-
tablissement de la servitude par les mains des Américains. Aussi a-
t-on toujours cru que les gouverneurs généraux recevaient, dans
leurs instructions secrètes, l'autorisation de proclamer l'émancipation le jour où l'autorité de l'Espagne sur Cuba se trouverait en péril. Mieux vaudrait pour l'Espagne préparer graduellement l'émancipation, que d'y recourir comme à une mesure extrême.

Cuba, peuplé de mulâtres et de noirs libres, ne serait plus la
proie qu'ambitionnent aujourd'hui les Américains. Les États du Sud
poussent à l'acquisition de cette île, parce qu'ils la feraient diviser
en deux États, et pourraient ainsi rétablir dans les deux Chambres
du Congrès l'équilibre des votes, aujourd'hui rompu à leur désa-
vantage. Cuba leur servirait, en outre, de dépôt pour tirer des nègres de la côte d'Afrique et pour donner une grande impulsion à la
traite. Avec la perspicacité et la vigilance dont font preuve les douanes
américaines, il ne serait pas bien difficile de faire entrer à Char-
leston ou à Baltimore, comme venant de Cuba des nègres amenés
tout droit de la Guinée ou de Mozambique; et l'on mettrait ainsi un
terme à l'enchérissement des esclaves, ce fléau qui ruine les produc-
teurs de sucre et de coton. Mais Cuba, peuplé d'hommes libres,
Cuba, faisant entrer comme citoyens dans la grande république des
hommes de sang mêlé et de vrais nègres, ne remplirait plus le but
que poursuivent les hommes du Sud : elle serait, au contraire,
un dangereux exemple et une source de continuelles appréhen-
sions.

L'Espagne est donc bien inspirée, en cherchant dans l'émancipation des noirs le salut de sa plus belle colonie. Puissent les efforts
du cabinet O'Donnell être couronnés de succès ! puisse une expé-
rience éclatante montrer une fois de plus que la vraie politique est
celle qui sert le mieux les intérêts de l'humanité !

CUCHEVAL-CLARIGNY.

N.-B. M. Cucheval-Clarigny est l'un des principaux rédacteurs du *Mémorial diplomatique* qui, même après le discours de l'Empereur, du 7 février, et malgré les sympathies de la France pour l'Italie, se montre si dévoué aux intérêts autrichiens. Cette remarque diminuera sans doute aux yeux du public la portée qu'on aurait pu attribuer à l'article qui précède.

FIN.